what am I what was I what can I be

preface

    잠 못 이루는 상념들이 밤의 외곽으로 모여든다. 그곳은 개별적으로 소란스럽다. 희망을 주절거리는 이들과 절망 속의 쾌감에 중독된 이들이 눈빛을 교환한다. 한결같이 진지한 태도는 이제 쉽게 외면당한다. 누구나 사랑에 관한 글에 고개를 끄덕이지만 아무도 자신의 사랑에 관해서는 말하지 않는다. 근래에 나는 의미와의 싸움에서 계속 진다. 왜 우리는 타협적일 수밖에 없는가. 왜 마지막은 죽음이어야 하는가.

    무엇인지, 무엇이었는지, 무엇일 수 있는지. 나는, 너는, 그리고 우리는.

2016년 3월
최유수

contents

part 1

어떤 밤 · 11

내가 원하는 것 · 12

단어들 · 13

나는, 너를, 사랑해 · 14

불안의 공유 · 15

숨결 · 18

잠든 너 · 19

사라져 가는 나 · 20

sputnik tornado · 21

비밀 · 22

잠시 제자리 · 24

낯선 꿈 · 25

혼자 보내는 시간 · 27

paradox · 28

너에게만은 · 29

하루의 끝 · 30

12월 7일 오전 1시 37분 · 31

part 2

제주에서 · 37
눈을 감고 바다를 떠올리기 · 41
허무 · 43
life and coin · 45
각별한 별개 · 46
멀어지는 일의 괴로움 · 47
여백 · 49
눈물을 닦지 않기 · 50
당신을 위한 서랍 · 51
성숙해진다는 것 · 53
진심어린 공감 · 54
감정 표현 · 56
나는 사랑한다 · 57
달팽이관의 침몰 · 62
어떤 대화 · 64
마음의 맹점 · 67
확신의 힘 · 68

part 3

불안 · 73
오해의 극복 · 74
표류자 · 76
glimmer · 77
현재가 있을 뿐 · 78
각자의 신념 · 79
밤산책 · 81
목련 봉오리 · 83
꿈 속의 사고 · 84
달리는 일의 즐거움 · 86
밥 먹는 일의 권태로움 · 89
두 개의 나 · 91
밤하늘 · 92
타인의 쓴소리 · 93
이유 · 95
내일의 나에게 말 걸기 · 96
부고 · 97

part 4

상실 · 107

가시 · 108

our signal · 110

지구력 · 112

의심 · 113

흔들리는 나뭇가지 · 115

별 볼 일 없는 하루 · 116

스포일러 · 118

가까운 것과 두터운 것 · 119

관계의 실체 · 120

소화 · 121

양면성 · 122

소설의 기능 · 123

언젠가 우리는 · 125

굴절되어 오는 것들 · 126

entwurf · 127

part 1

어떤 밤

 잠에 들기 위해 누워서 눈을 감고 있다보면, 나는 결국 완전히 혼자이고 덩그러니 고립된 존재라는 느낌이 엄습할 때가 있다. 겉보기에는 그렇지 않은 듯 보이지만 실은 그 누구와도 영영 연결될 수 없을 것만 같은 절망감.
 서로의 주위에 머무르며 꾸준히 온기를 나누어 주는 사람들이 있음을 머리로는 알고 있지만, 그것과는 별개인 단절감이 바람에 나부끼는 머리카락처럼 나를 괴롭히는 것이다. 어차피 그들도 모두 나처럼 고립된 존재일 뿐이므로, 감정이 오직 본인의 소유인 한 우리는 완전히 혼자일 수밖에 없다. 그런 느낌이 유독 강렬한 밤이 있다. 내 안의 고독이 나를 문초하는 밤. 어떤 위로로도 상쇄시킬 수 없는 타성의 시간.
 고요한 밤의 산맥 어딘가에서, 다가올 새벽을 기다린다.

내가 원하는 것

그들이 무엇을 원하느냐는 사실 중요한 게 아냐. 아무래도 내가 무엇을 원하느냐가 그보다는 중요한 거지. 다들 그렇게 살아. 우리가 어디서 왔느냐보다는 우리가 지금 어디로 가고 있느냐가 좀 더 현실적인 문제로 다가오는 것처럼, 내가 무엇을 원하고 있는지를 탐닉하고 가끔은 과한 욕심도 부릴 줄 아는 태도가 필요하다고 생각해. 그들이 무엇을 원하느냐가 더 중요해지면, 투정을 부리게 돼. 그게 투정이라는 걸 자각하게 되는 때가 오는데, 그럴 때마다 우리는 소심해지는 거야. 그러니까 좀 더, 너 자신에게 몰두하는 시간을 가지도록 해.

단어들

 사랑, 슬픔, 희열, 고독, 애착, 불안...
 우리가 자주 떠올리는 모든 단어들은 저마다, 우리에게 들려 주고 싶은 감정을 몇 글자 안에 견고히 담아 두고 있다. 단어들은 아무런 대가 없이 우리에게 감정을 빌려 주고 회수해 간다. 단어 하나를 깊이 곱씹는 것만으로도 우리는 위로받을 수 있고, 결코 도달할 수 없을 것 같은 마음 속 깊숙한 곳을 잠시나마 들여다볼 수 있고, 아무 일도 없었던 것처럼 또 다시 나아갈 수 있다.

나는, 너를, 사랑해

마르틴 부버는 "나는 너로 인해 나가 된다."라고 말했다. 그 또는 그녀라는 3인칭의 대상이 너라는 2인칭의 대상이 되었을 때, 부재 의 대상에서 현존의 대상이 되었을 때 비로소 그것이 사랑일 수 있다는 얘기다. 사랑이란 나의 눈에 보이는 상대방의 어떤 속성을 사 랑하는 것을 넘어 나의 가장 순수한 의지를 행동으로 표출하는 것이다. 그 사람이 갖고 있는 무엇으로 끌림당하는 것이 아니라, 내가 갖고 있는 무엇으로 그 사람을 이끄는 것.

"나는 너를 사랑해."라는 말에서 "너를"이라는 목적어보다 "나는"이라는 주어에 훨씬 더 강한 힘과 확신이 실리는 것. 그렇게 할 수 있을 때 우리는 그 사람의 존재를 훼손하지 않으면서 동시에 온전한 사랑을 행할 수 있지 않을까.

불안의 공유

　내게는 결핍이 있고 오류가 있다. 불완전하다. 나만 그런 것이 아니다. 당신도 그렇다. 우리만 그런 것도 아니다. 사람이라면 누구나 저마다의 결핍과 오류를 지니고 살아간다. 그 누구도 정확하게 이해해 줄 수 없는 내밀하고 고독한 인내. 우리는 그것이 붕괴되지 않도록 어떻게든 버티어 나간다.

　타인이 보기에는 무탈해 보일 것이다. 본인이 아닌 이상 깊숙한 내면을 들여다볼 수 있는 채널이 없기 때문이다. 본인도 들여다볼 수 없는 내면 세계라면 그것은 병에 가깝지 않을까. 어떤 한 사람에게는 그 사람만의 결핍과 오류가 존재한다. 마치 삶이라는 긴 여행에 반드시 싣고 가야 할 수하물이라도 되는 것처럼. 낙인처럼 짊어지고 살아가야 할 결핍과 오류는 끊임없이 불안을 생성한다. 불안은 불규칙하고 불가피하다. 그래서 때때로 공허를 느낀다. 모든 삶에는 회색 구멍들이 서너 개쯤 뚫려 있다. 오직 자신만이 그 구멍에 눈을 바짝 대고, 바닥 깊숙한 곳을 연무처럼 뒤덮고 있는 불안을 목도할 수 있다. 폐허 속의 허름한 우물을 들여다 보듯이.

불안에게는 불안의 자리가 있고, 불안 없는 삶은 없다. 불완전한 우리는 불안과 더불어 살아가기 때문에 인간이라는 존재로서 완전 할 수 있다. 우리는 우리의 불완전성으로 인해 우리라는 공통의 존재가 된다. 같은 종류의 껍데기 안에서 같은 뼈대를 지니고 살아가지만 제각기 다른 불완전성을 담고 살아가는 존재들. 서로를 온전히 이해하는 것이 불가능한 독립적인 존재들. 그래서일까. 불안을 공유하면 돈독해진다.

불안을 공유함으로써 마음과 마음이 서로를 감싸 안는다. 그래야만 상대의 우물을 들여다볼 수 있고 그 사람이 지니고 있는 불안의 감각을 기억할 수 있다. 자신의 결핍과 오류를 상대에게 드러내기로 허용하는 것은 내면의 포옹을 청하는 일이다. 자신의 불완전성이 포옹되기를 갈구할 때, 우리는 고독에게 맞설 수 있다.

이것은 친밀감과는 전혀 다른 층위에 속하는 이야기이다. 이 이야기는 인간 대 인간으로서의 사랑의 범주 안에서 가장 정확하게 다루어질 수 있다. 나는 그렇게 생각한다. 누군가를 사랑한다는 것은, 그 사람으로 하여

금 나의 바닥을 매만질 수 있도록 허락하는 것이다.

  살아가는 동안 우리는 깊게, 더 깊게 자아의 우물을 파낸다. 그 안에 불안이 차오른다. 들여다 본다. 들여다 보게 한다. 그 바닥이 다 드러나도록 서로의 불완전성이 긴밀하게 공유될 때, 우리는 끝 모르고 깊어진다.

숨결

어쩌면 오직 단어와 단어 사이
이렇게 음절과   음절을   떼어   놓는
그 사이 공간에만
잠깐 머뭇거리는 그 순간의 영역에만

우리는 우리의 숨결을
불어 넣을 수 있는 거라고

잠든 너

  손가락빗으로 너의 머리칼을 쓰다듬는 것은 너의 마음을 애무하는 일이다 팔뚝과 어깨 사이로 널부러진 너와 나의 체온을 섞는 것은 마음을 포개어 감싸는 일이다 육체는, 육체의 사랑만을 하지 않는다

사라져 가는 나

'내 안에 있던 **진짜 나**는 이미 사라져 가고 있고, 사라진 만큼 이런저런 덩어리들로 채워져 있는 게 아닐까?'라는 생각을 가끔 한다. 언제부턴가 **진짜 나**는 거의 소실되어버린 건지도 모른다.

도화지는 위에 그림이 있든 없든 도화지 자체로서 존재할 수 있다. 그러나 무언가로 채워져 있던 어떤 공간이 다른 덩어리들로 채워지면 그 자리를 차지하고 있던 원래의 것은 있을 자리를 잃고 만다. 살아간다는 것은 어쩌면 죽을 때까지 아주 조금씩 나 자신을 침식당하는 것이 아닐까. 작은 영향들이 모여서 큰 덩어리가 되었고 그것들에 의해 밀려나는 나 자신을 조금씩 잃어버리고 있는 것은 아닐까. 내가 **진짜 나**라는 걸 어떻게 증명할 수 있을까. 내 생각과 언어가 완전한 내것이라고 자신있게 말할 수 있을까.

sputnik tornado

　소설 『스푸트니크의 연인』에서 무라카미 하루키는 사랑에 빠지는 것을 드넓은 평원을 곧장 달려가는 격렬한 회오리바람 같다고 표현한다. 사랑에 빠지는 시점에 대해서라면 그렇겠지만, 어떤 사랑에서든 회오리는 잦아들기 마련이고, 이를 지나 원숙한 시기에 접어들면 회오리와는 전혀 다른 반대의 성격을 갖게 된다.

　이를테면 가만히 명상을 하거나 가부좌를 트는 것과 같다. 맑고 조용한 날들뿐만 아니라 세차게 비가 오는 날에도, 정신없이 분주한 시장바닥에서도, 기계들이 거칠게 돌아가는 공장 안에서도 평정과 균형을 유지할 수 있어야 하는 행위인 것이다. 모든 것을 휩쓸고 부수고 지나갈 만큼 격렬했던 회오리바람은 도리어 훼방꾼으로 변모하여 찾아온다. 그속에서 꾸준히 나의 태도를 가다듬고 평원 위의 튼튼한 버팀목이 되는 것 또한 사랑일 것이다.

비밀

 그날 밤 그들은 그들이 만나온 이래로 가장 오랫동안 서로 눈빛을 맞추고 있었다. 두 사람의 눈과 눈 사이에는 보이지 않는 다리 하나가 놓여 있었고, 다리 위로는 서로 뒤엉킨 수십 개의 단어들이 은밀하게 오갔다. 무구한 눈빛들이 서로에게 건네어졌다. 육성은 한 마디도 교환되지 않았지만 현실의 언어로 표현될 수 없는 둘만의 음성이 분명히 교차되고 있다는 것을, 둘 사이의 버젓한 침묵이 증명하고 있었다.

 남자는 끓는 마음을 순수한 말들로 제련하지 못한 채 연신 입술만 달싹였다. 여자는 닫힌 입술을 꾹 물고 있었다. 남자는 엄지와 검지로 턱끝을 매만졌다. 입술이 몇 번 열렸다가 닫혔다. 해석될 수 없는 투박한 신음이 남자의 입에서 짧게 새어 나왔다. 여자는 남자의 입에서 새어 나온 공기를 눈으로 좇았다. 모음만 희미하게 남아버린 어떤 문장의 원형을 추론하듯 여자의 눈빛이 소리 없이 거칠게 흔들렸다. 적막한 미풍이 두 사람을 감싸고 있었다.

바깥 세계와 단절된 두 사람의 눈빛이 연주하는 정적의 음악이 클래식처럼 얼마간 감상되었다. 남자는 고개를 떨궜다. 푸른 빛이 섞인 그의 파마 머리는 먹구름처럼 곧 비를 쏟아낼 것 같았다. 먹구름이 꿈틀거렸다. 이윽고 빗방울 같은 것이 남자의 허벅지 위로 뚝뚝 떨어지기 시작했다. 여자의 손이 순간 남자를 향해 들어 올려졌다가, 다시 무릎 위로 돌아갔다. 먹구름이 울컥거릴 때마다 손가락 끝을 까딱거렸다. 여자는 떨리는 손으로 자신의 얼굴을 덮었다. 연극의 종료와 함께 무대 위에 속절없이 내려지는 두꺼운 천막처럼.

그날 밤 그들이 아무런 말도 나누지 않았던 것은 결코 아니다. 다만 대화의 내용이 성실히 기억되지 않았을 뿐이다. 그들의 마지막에 명쾌한 해명은 필요하지 않았다. 침묵과 정적만이 그날 밤 그들의 결론을 함축적으로 회상할 수 있는 유일한 실마리였다. 그들에게 허용된 것은 혼자서만 풀 수 있는 문제였고 그 문제의 정확한 해설지는 그들이 사는 차원에 존재하지 않았다.

그날 이후, 그들은 서로의 존재를 향한 막연하고 무조건적인 애틋함을 일생의 비밀처럼 간직하게 되었다.

잠시 제자리

　쓸데없는 욕심을 부리지 않기로 했다. 어떤 일이든 그 일에 대한 만족감의 최대치는 내가 정할 수 있는 것이므로 애초에 연연할 필요도 없었다.
　만약 지금 행복하지 않다면, 욕심이 과했던 것은 아닌지 스스로에게 물어봐야 한다. 누가 뭐라고 해도 나는 나의 삶을 살아야 하기 때문이다. 이를 위해서라면 잠시 제자리를 걸어도 좋다.

낯선 꿈

 밤의 달리기는 망각을 돕는다. 뜨거운 숨에 이끌려 놀이터 벤치 위에 몸을 포갰다. 밤이 타오르는 불같았다. 똑바로 누워 밤하늘 어딘가로 시선을 놓았다.

 달은 구름 뒤로 몸을 숨기고 있었다. 눈에 힘을 풀었다. 삶이란 나비의 악몽 같다고 생각했다. 모기가 귓가를 괴롭혔다. 혈안이 되어 내 피를 열망하는 모기에게 말했다. 너도 악몽을 꾸고 있구나. 너나 나나 어차피 혼자인 것을. 세상은 짐작과 오해만으로 이루어져 있단다. 네가 바뀌지 않는 한 인정한다고 해서 달라지는 것은 없어. 시간은 아무것도 약속해 주지 않지.

 모기는 기어코 내 발목의 피를 빨아갔다. 구름이 그림자처럼 마음에 드리웠다. 생각은 지우려고 하면 할수록 번지기만 했다. 내 세계는 여전히 나를 중심으로 돌아가고 있었다. 목이 말랐고 땀 때문에 턱 아래가 따가웠다. 감각이 앞선다는 것은 내가 나비로 돌아갈 수 없다는 증거였다. 낯선 꿈을 꾸고 싶었다. 이미 꿈을 꾸고 있는데도 꿈을 꾸고 싶었다. 나비가 번데기로 돌아가는 꿈을. 번데기가 애벌레로 돌아가는 꿈을. 세상은 어차피 그대로일 것이므로 내가 완전히 달라지는 꿈을.

혼자 보내는 시간

누군가를 만나고 돌아온 날에는 그 시간을 어떤 마음으로 보냈든지 간에 다시 혼자인 시간으로 돌아왔을 때 필연적으로 허탈감을 느낀다. 더 많은 사람과 시간을 함께 보냈을수록 더 크게 느낀다.

혼자라는 단어는 뒷모습을 연상시킨다. 쓸쓸함이 배어 나오지만 반대로 그 이미지로부터 완연한 충족감 또한 느낄 수 있다. 내게 혼자 있는 시간이란 곧 혼자가 아니었던 시간들이 남긴 허탈감을 메우는 시간이다. 함께 있는 시간에 대한 갈증이 밀려들 때도 있지만 해소하고 나면 어차피 또 다른 허탈감이 남고, 혼자 보내는 시간으로 다시 메워야 한다. 해가 갈수록 오롯이 혼자 보내는 시간에 점점 더 강한 애착을 갖게 된다.

paradox

삶이라는 각자의 광활한 저수지 안에서 우리 마음은 메말라 있었고, 채우려고 하면 비워지고 비우려고 하면 채워졌다. 가득 채운 듯이 으스대는 사람의 삶은 거의 텅 빈 것처럼 보였고, 텅 비운 듯이 담담한 사람의 삶은 오히려 가장 안정적으로 가득 채워진 것처럼 보였다.

너에게만은

Y: 나는 어떤 사람이야?

H: 좋은 사람이지.

Y: 진짜야?

H: 그럼.

Y: 왜? 왜 좋은 사람이야?

H: 그냥 다 좋으니까.

Y: 좋은 사람이고 싶은데 그렇지 못한 것 같아.

H: 어떻게 모든 부분에서 그렇겠어? 나도 그렇지 못하고.

Y: 적어도 너에게는,

H: 너는 좋은 사람이야.

Y: 다른 사람들에게는 그렇지 못하더라도 모든 면에서 좋은 사람이고 싶어.

H: 고마워.

하루의 끝

구겨진 나의 몸과
널브러진 나의 체온을 주워 담는 시간
하루의 끝에 어김없이
당신과의 시간이 존재한다는 것

매일 그 시간이 누락없이 반복된다는 것

12월 7일 오전 1시 37분

 당신은 지금 무슨 꿈을 꾸고 있을까요. 우리가 나오는 꿈이었으면 좋겠습니다. 그런데 아마 몸이 너무 피곤한 나머지 무슨 꿈을 꾸고 있는지도 모를 정도로 깊이 잠들었을 거예요. 팔베개를 해 주고 새근거리는 얼굴을 바라보고 싶어요. 당신이 눈을 감고 자는 모습은 아무리 쳐다봐도 질리지가 않아요. 눈꺼풀 속에 감춰진 눈동자를 들여다보며 손으로는 볼을 어루만져요. 목 가까이에 코를 대고 체취를 맡고 싶어요.

 그렇게만 있어도 마음이 가득 차올라요. 사랑이 마음을 넘쳐 흘러요. 얼굴을 보고 있지만 영혼을 바라보고 있는 것 같은 느낌을 아나요. 지금 여기에 아무 것도 존재하지 않고 오로지 우리의 감각만이 서로 포옹한 채 웅크리고 있는 느낌이에요. 당신이 나를 보는 눈빛에서 나는 나와 같은 확신을 느껴요. 이 세계에 우리가 존재하고 있다는 단순한 사실이 청랑하고 신성한 의미로 다가

와요.

    수십 억 명의 사람들 중에 한 사람을 사랑하게 되고 그 사람에게 사랑받게 되는 건 그 어떤 것과도 비교할 수 없을 만큼 아름다운 일이에요. 수백만 명의 사랑보다 단 한 명의 깊고 아득한 사랑이 훨씬 특별하다는 것. 당신과 나와 우리가 한없이 아름답다는 것. 내 표현이 조금 진부한가요. 진부한 표현이라고 느껴지는 건 어쩌면 가장 보편적이고 소중한 진심을 담고 있기 때문인 건지도 몰라요. 그 보편성이 우리 둘에게는 가장 특별한 진심일 거예요.

    내 마음을 아무리 설명해도 모자를 거예요. 당신은 자고 있고, 나는 지금 깨어 있습니다. 새벽의 넘치는 사랑을 이대로 흘려 보낼 수 가 없어서 이렇게 편지를 씁니다. 당신 하나로 인해 내가 특별한 사람이 될 수 있어서 행복해요. 순간 속의 영원을 느끼게 해 줘서 고맙습니다. 잘 자요.

part 2

제주에서

　제주의 하늘은 항상 서울의 하늘보다 낮게 펼쳐져 있었고 제주의 마을은 풍경을 가리고 서 있지 않았다. 어딜 가든 시선의 끝에는 지평선이 놓여 있었고, 하늘과 땅과 바다를 하나의 풍경 안에서 볼 수 있었다. 살짝 높은 언덕에만 올라가도 시선을 한참이나 멀리 던질 수 있었다. 시야가 탁 트이니 마음이 청명했다.

　다녀온 곳들 중에 가장 기억에 남는 곳을 꼽으라면 세 군데가 있다. 신천바다목장과 아끈다랑쉬오름, 그리고 그곳에 눌러살고 싶을 만큼 좋았던 세화리다.

　5박의 여행에서 4박을 제주도 북동쪽 세화리에 머물렀다. 머무는 동안 날씨는 거의 흐렸다. 구름은 하루도 게으른 날 없이 머리 위를 뒤덮었다. 구름 사이로 해가 빼꼼 나왔다가 숨었다가를 반복했다. 멈춰 서서 구름의 동태를 지켜보고 있으면 해가 언제 고개를 내밀지 알 수 있었다.

모든 구름에는 틈새가 있다. 해는 구름의 틈새로 파고들어 빛을 쐈다. 그러면 구름 밑으로 햇살이 쏟아지는 길이 보였다. 햇살은 넘실거리는 바다 위를 겨냥하며 그대로 부서져 내렸다. 세화리 앞바다에 찬란하게 부서져 내리던 햇살의 잔해들이 잊히질 않는다. 해가 질 때쯤 해변가에 죽 늘어선 가로등 불빛들이 거친 숨을 내쉬는 바다 위에서 수채화처럼 일렁이던 광경 또한 마음 한 구석에 강렬하게 남아있다.

故 김영갑 선생은 20년 동안 제주의 구름을 지켜봤다. 구름은 하루도 같은 날이 없다고 그는 말했다. 변화무쌍한 제주의 구름처럼 자신의 마음이 그렇게 흐르는 것 같다고 말했다.

몸집만한 배낭을 메고 겨드랑이께의 배낭끈을 손에 꼭 쥔 채 걸어 다니는 여행자의 마음을 나는 사랑한다. 발걸음을 내딛을 때마다 일정한 박자로 어깨를 짓누르는 배낭 끈의 무게를 나는 사랑한다. 그 무게는 내가 여행 중임을 증거하는 기쁨의 무게다. 어깨의 뻐근함과 배낭의 등받침이 내 허리를 두드리는 소리와 묵직한 여행용 신발 바닥의 습기에서 나는 쾌감을 느낀다.

꾀죄죄한 행색으로 아무데나 털썩 앉거나 드러누울 수 있는 것은 여행자에게 주어지는 특권이다. 여행자는 주머니가 가난할지라도 마음만은 여유가 가득하다. 온통 낯선 순간들뿐이지만 평소에는 흔하고 평범했던 것들로부터 느낄 수 있는 낯설음이 바로 여행의 매력이므로. 차를 타고 다니는 것보다 두리번거리며 걸어 다니는 여행이 좋다. 멀면 버스나 기차를 타면 된다. 그 여정 속에는 낯선 사람의 삶을 여행할 수 있는 기회까지 담겨 있다.

여행의 마지막 날, 머물렀던 곳을 떠나오는 시점에 찾아드는 어떤 느낌이 있다. 꼼꼼하게 배낭을 챙겼음에도 불구하고 자꾸 무언가를 두고 오는 것 같은 느낌이 든다. **도대체 뭘 두고 온 걸까?** 분명히 잘 챙긴 것 같은데 무언가 빠뜨린 것 같은 기묘한 상실감. 집에 돌아와 배낭을 풀어 봐도 두고 온 물건이 없다. 그러나 나는 분명 무언가를 두고 왔다. 확신에 찬 듯한 느낌이 그렇게 말해준다.

무엇을 두고 온 걸까. 그것은 아마도 어떤 감정이 아닐까. 여행지에서 느끼는 것이 있고 얻어 오는 것이 있으니 나도 여행지에 무언가를 내 주고 오는 거겠지. 내어준 한 켠이 조금 허전하지만 썩 나쁘지 않은 느낌이다. 오히려 공평한 것 같아서, 여행은 언제나 이렇듯 다음 여행을 기다리게 만드는 것 같아서, 떠나오는 길이

슬프지 않았다.

　동네로 돌아오니 눈앞의 풍경이 몇 시간 전과 너무 달라서 어색했다. 겨우 5일을 머물렀을 뿐인데 현실감을 잃어버렸다. 가보고 싶은 곳이 너무나도 많다. 안주하지 않고 계속해서 다음 여행을 꿈꿔야겠다는 생각이 들었다. 지난 여행을 돌아보며 여행이 나에게 어떤 의미를 만들어 주었는지 이따금 되새기는 것을 잊지 말아야겠다고 홀로 다짐했다.

눈을 감고 바다를 떠올리기

　어느 날은 기차를 타고 바다에 가고 싶었다. 직통열차에 몸을 싣고 몇 시간이고 달려서 남해안 어느 바닷가 마을에 가고 싶었다. 바다 냄새, 항구 냄새, 배 냄새, 어부 냄새가 있는 마을. 발자국과 반짝이는 모래알이 가득한 해변 말고 생선 담은 대야와 고무장갑이 반짝이는 부둣가 마을에 가고 싶었다. 항구를 배경으로 돌바닥에 걸터 앉아 푸른 고기잡이 배가 드나드는 모습을 지켜보고 싶었다. 일렬로 죽 늘어선 배들의 무슨 호 무슨 호 이름들도 하나하나 살펴보고 마음에 드는 이름 하나를 기억해 두고 싶었다. 멀찌감치 섬인지 구름인지 모를, 시야가 탁 트이는 풍경을 바라보며 소금기 그윽한 내음을 실컷 들이마시고 싶었다. 수면에 반사된 햇살 무늬가 온통 눈을 찔러대는, 그런 바닷가에 가고 싶었다. 붉게 성난 바다가 해를 삼켜 적적한 밤이 찾아올 때까지 달빛을 베고 누워 시시콜콜한 이야기를 나누고 싶었다. 달빛 아래 침묵을 지키는 바다는 어찌나 아름다워서, **그대 아무 말도 하지 말라**라며 내게 말을 걸진 않을지. 하루를 털레털레 보내고 휘날리는 머리칼 사이로 귀 밑에 해풍을 감춘 채 슬며시 집으로 돌아오고 싶었다.

허무

 버스를 한 정거장 지나쳐 내리는 바람에 조금 걸었다. 돌아오는 길에 다코야키를 파는 작은 봉고가 있었다. 가격이 적힌 판자를 보니 여섯 알에 이천 원이었다. 머뭇거리며 봉고를 지나쳤다가 잠시 멈춰섰다. 고작 이천 원의 사치에도 나는 두 번 망설였고 이내 단념했다. 사랑하는 사람을 만나러 갈 차비조차 부족한 시기이므로 미련없이 돌아섰다. 저걸 사 먹으나 안 사 먹으나 내 인생은 똑같이 허무하게 흘러갈 것이었다.

 나는 정말로 세상을 전혀 모르는 얼뜨기인데다 자의식만 강할 뿐 인 한심한 인간일지도 모른다. 나 좋을 대로만 살아가고 있다. 이뤄 놓은 것이 없다. 기반은커녕 특출난 자랑거리조차 하나 없다. 그렇다면 나의 존재 가치는 무엇으로 설명해야 하는 걸까. 시도는 계속 해왔지만 온전한 내것을 만들어내지 못하고 있는 것 같다는 생각이 든다. 무모한 시간들이 이토록 무섭게 흘러간다.

부지런한 청년들은 정신없이 돈을 벌고 있었다. 초라하게 구겨진 마음이 자꾸만 구석으로 밀려난다. 적당히 굶어 죽지 않을 정도로만 일하며 책이나 왕창 빌려다 읽고 가끔 글이나 쓰는 삶이 차라리 가장 행복할지도 모른다고 생각했다. 짊어진 무게가 없음에도 불구하고 잔뜩 납작해져 있는 기분이다. 무심코 피아노 뚜껑을 닫다가 그 사이에 손가락을 다 찍힐 것만 같은 기분이다.

life and coin

　삶에 코인처럼 무언가를 넣으면 삶은 자판기처럼 다시 무언가를 반환해 준다. 원인에는 항상 결과가 따르듯이 행동은 무엇이 됐든 나름의 결과를 불러온다. 두말할 것 없이 당연한 공식이다. 다만 감정에 있어서는 예외다. 행동으로 감정을 마무리짓는다면 모를까, 그 저 내면에서 내면으로 감정을 쏟아붓기만 한다면 삶은 아무것도 반환해 주지 않는다. 감정은 또 다른 감정을 불러일으키거나 스스로를 증폭시킬 뿐이다. 감정은 삶의 코인이 될 수 없다.

각별한 별개

　우리는 각자의 배타적인 공간에서 시간의 감각만을 공유하는 운명의 공동체다. 서로 각별한, 별개다.

멀어지는 일의 괴로움

꽤 많은 이들과 가까운 사이로 지냈지만, 멀어지지 않은 사이보다 멀어진 사이가 더 많다. 나는 관계를 돌보는 일에 매우 서툴다. 내가 먼저 연락하고 안부를 묻고 챙겨 주는 일에 부자연스러움을 느낀다. 내 성향을 편하다고 느끼긴 하지만 그런 내 모습이 썩 마음에 드는 것은 아니다.

관계가 멀어지고 있다는 것을 느낄 때에도 애써 그들을 붙잡으려 하지 않았다. 그들은 마치 내 앞을 흐르는 강물 같았다. 아니, 강물이 되어 내 앞을 흐르고 있었다. 나는 강물에 밧줄을 던졌다. 어떤 이들은 밧줄을 잡지 못한 채 흘러 갔고, 어떤 이들은 밧줄을 붙잡고 강물 밖으로 나왔다. 나온 이들은 내게 말을 건넸고 나는 때때로 그들과 깊은 대화를 나누었다. 그들 중 또 어떤 이들은 다시 어딘가로 떠나 갔고, 어떤 이들은 스스로 돌아와 곁에 앉기도 했다. 그들이 원할 때 곁을 떠났고 내킬 때 다시 돌아왔다. 우리는 그것이 자연스러웠다. 한 번 돌아온 이들은 이후에도 몇 번이고 돌아왔다. 그것으로 충분했다. 시간이 흐를수록 내 밧줄은 성기어지고 밧줄을 던지는 횟수는 줄어들었다. 나라는 인간에게 이 세계를 버틸 수 있도록 주어진 것은 오직 그 밧줄 뿐이다. 내가 밧줄이고 밧줄이 곧 나인 것이다.

 이미 흘러간 이들을 떠올리면 마음이 조금 괴롭다. 그러나 이제는 원래 그렇게 겪어지도록 정해진 것이라고 받아들일 수 있게 되었다. 꼭 그만큼 모두가 공평하게 괴로운 거라고.

여백

하루라는 시간이 책의 한 페이지를 넘기듯 스르륵 지나간다. 밤이 되면 하루의 여백을 버리지 않고 차곡하게 모았다. 일주일의 끝에는 너를 만나는 하루가 기다리고 있었다.

겨울의 여백이 봄으로 서서히 칠해지듯, 그 하루 동안 나의 여백은 너로 칠해질 것이었다.

눈물을 닦지 않기

영화 「그렇게 아버지가 된다」를 보다가 눈물을 두 번 흘렸다. 한번은 아버지 료타의 마음으로, 또 한 번은 아들 케이타의 마음으로 눈물을 흘렸다. 연출이 의도한 타이밍에 눈물이 나는 것 같아서 왠지 조금 분했지만 막을 수 없었다.

영화를 볼 때 눈가에 눈물이 맺히면 손으로 굳이 닦으려 하지 않는다. 갑자기 맺히고 서서히 흐르도록 그대로 두는 것이 나는 좋다. 알아서 흐르기도 전에 닦아버리면 순간의 감정을 닦아내는 것 같아서 싫다. 자연히 사그라들게 두는 것이 우리를 찾아오는 감정에 대한 예의가 아닐까.

당신을 위한 서랍

 누군가의 기억 속에 남겨진다는 것의 의미는 무엇일까.

 수많은 도서관의 책들이 인류의 역사를 상징하는 것처럼, 역사는 거대한 책장이며 어떤 사람은 그 안에 하나의 서랍처럼 남겨질 수 있다. 역사에 한 획을 그은 거장 또는 변혁의 주인공과 같이 그 사람을 수식하는 내용의 스티커가 서랍에 붙고, 그 안에는 업적과 행적의 기록이 보관되는 것이다. 기록물과 작품의 형태로 인물과 관련된 사실 외에 무형적인 생각과 영감이 보관되기도 한다. 그러나 지극히 인간적이고 일상적인 그 사람의 의식은 어디에도 기록되거나 보관될 수 없다. 나라는 존재가 잊히지 않기 위해서는 무엇으로 남겨지고 기억되어야 할까.

 나를 기억하는 것은 타인이고, 나를 잊는 것 또한 타인이다. **과거의 나를 기억하고 있는 나는, 완전한 나가**

아니라 **나를 바라보는 타인으로서의 나**라고 할 수 있다. 나의 의식은 그렇게 구분된다. 타인에 대한 나의 기억도 시간의 흐름 속에서 점차 잊혀 갈 수 밖에 없다.

　다만 나와 오랜 시간을 함께 보낸 사랑하는 사람의 느낌에 대해서라면, 그 사람의 의식이 내 서랍 속에 생생히 보존되어있는 것처럼 느낄 수 있다. 뚜렷한 기억의 형태가 아니라 오직 느껴진다는 느낌만이 남는 것이다. 마치 그 사람의 의식 속에 이입된 것처럼 무언가를 알아맞힐 수 있게 된다.

　어쩌면 우리는 의식을 기억할 수 있는 것이 아닐까? 죽는 순간에는 그 서랍마저 소멸할 테지만, 적어도 사랑하는 사람이 지닌 서랍 속에 나의 의식이 보존될 수 있는 가능성이 존재한다는 것은 분명하다. 누군가의 기억 속에 남겨지는 것과 누군가에 의해 존재 자체가 느껴지는 것은 완전히 다른 것이다.

성숙해진다는 것

성숙해진다는 것은 내 안에서 일어나는 감정과 이성의 첨예한 대립 속에서 그들의 입장 차이를 줄이기 위한 협상과 중재를 원만하게 해내는 것이다. 감정과 이성 모두가 만족할 수 있는 협상은 없다. 감정에게 몇 걸음 양보하게 하는 것이 보통이다. 언변이 뛰어난 이성에게 감정은 자주 진다. 감정은 속좁게 미련을 담아두고 이성은 뻔뻔하게 승리감에 도취된 채 기고만장한다. 가끔 감정의 미련이 폭발할 때도 있지만 이성은 한결같이 뻔뻔하다. 결국 감정의 주장은 협상과 중재가 소용없어질 정도로 무뎌지고 무뎌진다. 성숙해진다는 것은 어쩐지 씁쓸한 일이다.

진심어린 공감

 공감이라는 주제에 대해 오랫동안 자주 생각해왔다. 누군가에게 마음을 다해 공감한다는 것.

 내가 생각하는 공감이란 이러하다. 누군가 내게 자신의 감정에 관해 진솔하게 털어놓는다. 감정의 원인이 된 사실들을 본인의 관점으로 이야기한다. 나는 먼저 나의 관점을 배제한다. 귀 기울여 들으며 그 사람의 관점을 존중하고 감정에 동조하고자 애쓴다. 무작정 같은 편이 되어주거나 모든 걸 이해한다는 태도를 비추는 것이 아니라, 라디오 주파수를 섬세하게 맞춰 가듯이 어떤 유대감을 형성해 가는 것이다.

 충분한 유대감이 형성됐다고 느껴지면 비로소 동조된 감정선을 손상시키지 않는 선에서 이성적인 해결책을 말해본다. 공감은 이해보다는 위로에 무게를 두어야 한다고 생각하기 때문이다. 적어도 나의 공감에서는 감정에 대한 동조가 이성적인 해결책보다 항상 먼저다. 경우에 따라 상대가 위로보다는 해결책을 원할 때도 있다. 타인의 공감이 감정을 겪고 있는 장본인에게는 위로가 되지 않을 수도 있다. 두 가지 경우를 잘 판단해야 한다. 그 사람이 감정을 털어놓으며 내게 기대하고 있는 것이 공감인지 조언인지를. 그러나 대체로 해결책은 스스로가 가장 잘 알고 있으며 대부분의 경우에 가장 필요한 것은 진심어린 공감이다.

감정 표현

 감정을 단어로 쓰지 않아도 읽는 내내 섬세한 떨림이 전해지는 문장을 쓰고 싶다. 감정을 단어로 말하지 않아도 나와 눈을 맞추기만 해도 나의 감정이 올곧게 전해지는 사랑을 하고 싶다.

나는 사랑한다

나는 너를 사랑한다라고 말할 때 너는 무엇일까? 그것은 단순히 너라는 사람에게 속하는 모든 것을 의미하는가? 영혼과 육체 모두를 의미하는가? 만약 너의 육체가 사라졌다고 가정한다면 나는 너의 영혼만을 사랑하게 되는 것인가? 반대로 너의 영혼이 사라진다면?

누군가를 사랑한다고 말할 때 그 목적어가 되는 대상이 정확히 무엇인지 또는 어떤 존재인지 나는 과연 알고 있는가? 누군가를 사랑한다는 말의 본질적인 의미가 무엇인지 나는 알고 있는가?

모른다. 답을 내릴 수 없었다. 그렇다면 이를 정확히 알고자 할 때, 그 질문에 맞서기 위한 여정 속에서야 비로소 사랑이라는 것의 본질에 조금이나마 다가갈 수 있는 것이 아닐까?

나는 다음과 같이 가정해 본다. **나는 사랑한다**. 주어와 동사 하나씩으로만 이루어진 이 단순명료한 문장이,

목적어를 붙이지 않았음에도 불구하고 문법적 오류나 어색함 없이 성립될 수 있는 문장이라고.

사랑은 행위성을 지닌 명사로 규정된다. '사랑하다'라는 말은 동사이고, '사랑받다'라는 말은 피동이다. 사랑은 물리적인 무언가를 주고받는 것인가? 내가 누군가를 사랑한다고 할 때 그 사람을 사랑함으로써 나에게서 그에게로 어떤 물리적인 전달이 이루어지는 것인가? 그렇지 않다. 사랑은 우리 눈으로 볼 수도 만질 수도 없는 성질의 것이기 때문에 실제로 전달되는 것은 아무 것도 없다. 내가 그에게 얼마만큼의 사랑을 준다고 해서 그만큼 나의 무게가 줄고 그의 무게가 늘어나는 것도 아니기 때문이다.

그렇다면 사랑을 말할 때 반드시 목적어가 필요한 것은 아니라고 할 수 있지 않을까? 사랑이라는 것을 물리적으로 주고받는다는 느낌, 또는 믿음이 존재할 뿐인 것이므로 여기에 일종의 방향성을 표출하기 위해 목적어를 붙이는 것이 아닐까? 나는 너를 사랑한다고 말함으로써 **나는, 너에게로, 사랑을, 준다**라고 체감하는 것이고 **너는, 나에게서, 사랑을, 받는다**라고 체감하는 것이다.

나는 조금 더 나아가 '사랑하다'라는 동사에 대해 구체적으로 생각해 본다. 동사는 사물의 작용이나 행위를 나타낸다. 작용은 '어떠한 현상을 일으키거나 영향을 미친다'는 뜻이고, 행위는 '사람이 의지를 가지고 하는 일'을 뜻한다. 사랑은 작용보다는 행위, 즉 사람이 의지를 가지고 하는 일에 속한다. 나는 여기에서 **의지**라는 단어에 진한 밑줄을 그어둔다.

그렇다면 사랑이라는 **행위**는 눈으로 볼 수 있는가? 아니, 볼 수 없다. 예를 들어 '뛰다'라는 동사는 주체가 양발을 교차로 휘저어 빠르게 나아가는 것을 뜻한다. 이것은 눈에 보인다. '사랑하다'라는 동사는 어떤 사람이나 존재를 몹시 아끼고 귀중히 여기는 것을 뜻한다. 이것은 눈에 보이지 않는다. 동사라는 품사 내에서 육체적인 행위와 정신적인 행위는 구분된다. 사랑은 정신적인 행위로서 눈에 보이지 않으면서 주체가 의지를 가지고 특정한 마음의 태도를 행하는 일인 것이다.

이번에는 영어에서의 '사랑하다'라는 동사에 대해 생각해 본다. 영어는 동사를 문법적 쓰임에 따라 자동사와 타동사로 구분한다. 같은 동사여도 객체 없이 뭉뚱그려 표현할 경우 자동사로 쓰이고, 행위의 대상이 되는 객체를 표현할 경우 타동사로 쓰인다. 문법적으로 'love'는 타동사로만 쓰이며 반드시 목적어가 붙는다. 어디까지나 문법적으로 그렇다는 얘기다.

타동사는 영어로 transitive verb다. trans는 '움직이다, 이동하다, 옮기다'라는 뜻이다. 그렇다. 타동사는 주체의 에너지가 행위의 대상이 되는 객체로 이전되는 동사를 의미한다. 반대로 자동사는 주체의 에너지가 스스로에게 머물러 객체에게로 이전되지 않는 동사를 의미한다.

앞서 얘기했던 것처럼 사랑은 실제로 어떤 물리적인 에너지를 전달하지 않는 행위에 속한다. 주체 내부에서 작용하는 정신적인 행위이기 때문이다. 그렇다면 '사랑하다'라는 동사는 사실 자동사로 쓰여야 좀 더 정확한 것이 아닌가? 그런데 왜 우리는 **나는 너를 사랑한다**라고 특정 대상을 반드시 붙여서 표현하는 것일까? '사랑하다'라는 동사에서 대상을 명확히 밝히는 것은 결국 수많은 사람들 중 둘 사이의 관계를 특징하기 위한 방향성을 부여하기 위함인가? 이를테면 자기 행위의 의미상 목적어로서 필요한 것인가?

어쩌면 이러한 점 때문에 우리는 사랑의 본질을 오해하고 있는 것일지도 모른다. 사랑은 본질적으로 정신적인 행위다. 주체의 의지에 의해 생겨난 마음의 태도가 관념적으로 형상화된 것이 바로 사랑인 것이다. 엄밀히 말하면 객체의 존재 여부와 관련 없이 주체의 내부에서 단독적으로 일어나는 일이다.

  우리 내면에 존재하는 사랑이란 것은 반드시 누군가를 사랑해야만 존재하는 것이 아니며 그 자체만으로 독립적인 존재로서 가치를 지닌다고 할 수 있는 것이다. 우리가 '누군가를' 사랑한다고 느끼는 것은 어떤 운명적인 힘에 의해 그 사람을 사랑하게 된 것이 아니라, 사랑이라는 자기 행위의 방향성을 자기 의지로 표출하기 때문이라는 것. 그러므로 사랑은, 전달보다는 발산에 가까운 행위라고 생각한다.

달팽이관의 침몰

 가끔 우리집 아파트가 무너지는 상상을 한다. 보통 아무 생각없이 멍 때리고 누워있을 때 상상은 시작된다. 거실에 누워있던 나는 수상한 기운을 감지하고 신경을 곤두세운다. 마루의 균형을 살피는 것이다. 작은 화분, 코끼리 가족을 본 뜬 네 개의 목각 인형, 텅 빈 분무기, 그리고 오디오 스피커까지 거실의 물건들이 하나 둘 옆으로 쓰러지기 시작한다. 중력의 법칙을 성실하게 따르고 있던 물건들이 멀미를 호소한다. 상상 속의 아파트는 절대 한 번에 와르르 무너지지 않는다. 나는 시공간의 테이프가 늘어지는 광경을 하나하나 목도한다. 콘크리트에 금이 가는 소리, 유리가 깨지는 소리, 출처를 알 수 없는 비명 소리가 뒤섞여 그로테스크한 합주곡이 된다. 나는 선뜻 움직이지 못하고 스파이더맨처럼 양손바닥을 마루에 붙인다. 지금 사납게 흔들리고 있는 것이 공간인지 동공인지 분간되지 않는다. 질끈 눈을 감으면, 달팽이관이 맥없이 침몰하는 느낌이 든다. 바로 그 순간, 상상은 끝난다.

어떤 대화

카페였다. 바로 옆테이블에 앉은 남녀의 대화가 흥미로웠다. 들으려 하지 않아도 자꾸 귀에 들어왔다.

남자는 아무리 젊게 봐도 30대 중후반이다. 여자는 그보다는 조금 어려보인다. 남자는 짧은 모히칸 스타일의 커트를 했고 카라티의 깃을 반듯하게 세워 입었다. 앉은 키가 작지만 다부진 체격을 가졌다. 돌싱남이었고 리액션이 상당히 좋은 편이었다. 여자는 단갈래로 머리를 묶었고 차분한 인상에 나긋나긋한 목소리를 가졌다. 형제관계를 추측해 본다면 아마도 외동딸인 것처럼 보였다. 왜인지는 모른다.

두 사람은 교회를 주제로 대화를 이어나갔다. 대화 한 켠에 어색함이 끼어 있지만 나름대로 죽이 잘 맞는다. 독실한 크리스천인 것으로 보인다. 교회 사람의 주선으로 만나게 된 관계였다. 결혼관에 대한 이야기가 오갔다. 여자는 독특한 성격과 나이에 비해 철없는 모습

때문에 연하남이 많이 꼬인다고 스스로를 평했다. 남자는 여자의 모든 말에 반박자 빠르게 맞장구를 쳤다. 한참 동안 그런 식의 대화가 이어졌다. 계속 자기 자랑만 늘어 놓았다 싶었는지 갑자기 여자가 쑥쓰러워 하며 남자에게 말했다.

"어머, 저 좀 이상하죠."

"특이하세요. 특이한 매력 때문에 제가 다시 연락을 드린 건데요, 뭘."

남자가 반박자 빠르게 대답하자, 여자는 반박자 느리게 교묘한 한 마디를 툭 놓았다.

"특이하다는 말은 어감이 좀 애매해요. 긍정적인 뜻인지 부정적인 뜻인지."

"아뇨, 저는 좋은데요. 특이하세요. 어트랙션이 있다는 거죠."

"(웃음) 긍정적인 뜻인 걸로 해요."

이후로도 남자는 여자의 말에 귀를 쫑긋 기울였다. 호감의 기류가 맴도는 남녀의 대화는 흥미롭다. 한 쌍의 남녀가 마주한 대부분의 경우에, 남자의 호감은 야구장의 커다란 전광판처럼 대놓고 드러난다. 반면에 여자 쪽은 알쏭달쏭한 경우가 많다. 남자는 여자가 뭘 먹고 싶어하는지, 다음으로 어딜 가면 좋아할지 알아내기 위해 온갖 애를 썼다. 여자는 쉽게 정답을 알려주지 않았다. 주고받는 대화 속에서 남자가 정답을 알아낸 듯싶었다. 대뜸 "콜!"을 외치더니 반 박자 빠르게 자리를 박차고 일어났다.

"아니, 잠깐만요."

여자는 템포를 제자리로 돌려 놓는다. 대화가 다시 이어진다. 남자는 초지일관 환한 전광판처럼 떡하니 자기 마음을 내걸고 있었다. 여자는 여전히 알쏭달쏭. 돌이켜보면 딱히 대화가 잘 통한다고 말할 수 있는 한 쌍은 아니었다고 생각한다. 두 사람은 이날 저녁 무엇을 먹었을까. 다음 만남은 어찌 되었을까.

마음의 맹점

살다보면 한 번쯤 말로는 도무지 설명할 수 없는 마음의 맹점을 마주하게 될 때가 있다. 쉽게 말해서 '**내가 그때 왜 그런 선택을 했을까**'라는 질문에 답을 내릴 수가 없는 것이다. 설명하려고 하면 말문이 막힌다. 그 당시 나를 휘감았던 사고의 편린들이 하나둘 되살아나며 혀끝을 맴돌지만 내뱉을 수 있는 말로 만들어지지 않는다. 마음의 특정 영역을 열람할 수 있는 내 고유의 권한이 알 수 없는 이유로 영원히 상실되는 일, 누구나 그런 맹점을 적어도 하나씩은 가지고 있을 것이다.

확신의 힘

선택의 기로에서 고민을 거듭하다보면 결국 나 자신에 대한 확신으로 채워야 할 공간을 마주하게 된다. 부족한 것은 능력도 책임감도 아니었다. 가장 부족한 것은 스스로에 대한 확신이다. 나의 중심에 존재하는 확신의 방을 가득 메우면, 모든 망설임이 사라지고 비로소 분명한 발걸음을 내딛을 수 있다.

삶의 압박감은 세상이 아닌 나의 내면으로부터 비롯한다. 타인의 마음을 내 멋대로 단정짓는 생각들이 몸집을 불리고 나를 압박하려 드는 것인데, 우리는 그 원인을 아예 타인에게 떠넘기거나 타인의 영향 때문인 것으로 책임을 돌려 회피한다. 내 삶의 모든 결정권은 나만이 가지고 있다는 사실을 모르는 체하는 것이다.

내 선택으로 인해 누군가에게 미안한 마음을 갖게 되는 것은 전적으로 내가 짊어져야 할 몫이며 다른 누구의 책임도 아니다. 매 순간 주어지는 선택의 무게로 마음의 근육을 길러야 한다. 나를 믿는 힘이 마음의 근력이 되어 내 안의 확신들이 새어나가지 않도록 지탱해 줄 것이다.

part 3

불안

불안은 언제나 눈에 잘 띄는 구석 한 켠에 웅크리고 앉아있다. 나는 끊임없이 그와의 대화를 시도했었다. 그는 내게 눈길 한번 주지 않고 오로지 침묵으로 일관했다. 그럴 때면 내가 잠시 눈길을 돌려 책을 읽거나 사진을 찍었다. 그 과정에서 나 자신과 대화하는 방법을 배우게 되었고, 이제는 그의 침묵과 그의 자리를 인정할 수 있게 되었다.

오해의 극복

생각을 언어로 표현하는 우리의 체계는 서로 제각각이고 어떤 한 사람이 보유한 체계 또한 매 순간 성장하고 변화한다. **완전히 동일한 생각**이란 어디에도 존재하지 않는다. 그런 것이 존재한다고 해도, 언어로 표현하게 되면 결국 서로 다른 문장으로 적히기 마련이다.

두 사람이 완전히 동일한 문장을 읽고 그 안에 담긴 생각을 받아들일 때에도 마찬가지다. 소통이란 실은 추측과 왜곡이 난무하는 현상일 뿐이다. 의도와는 상관없이 필연적으로 오해가 발생하기 때문에 말과 글을 표현하는 일은 항상 조심스러워야 한다. 이를 경험하면서 우리는 누군가와 애써 교감하거나 소통하고자 하는 욕심을 잃어간다. 오해의 장벽 앞에 절망한 나머지 생각 속에 스스로를 가둔다. 입을 닫으면, 오해는 피할 수 있으니까.

타인의 생각을 온전하게 이해할 수 없으므로 우리는

모든 관계 속에서 오해를 경험한다. 상처를 입거나 단념하게 되고, 때로는 스스로 고독을 선택한다. 사람이 사람을 사랑한다는 것의 의미는 바로 그것을 극복하려는 태도일 것이다. 타인의 체계를 인정하고 그 체계로부터 발생하는 모든 생각이나 감정을 가능한 한 적확하게 짐작하고자 하는 태도. 너와 나 사이에서 발생하는 모든 오해를 불사하겠다는 굳건한 의지. 사랑한다는 말은 그런 의지를 내포하고 있을 것이다.

표류자

 진정 하고 싶은 일을 찾고 그 속에서 자신만의 의미를 발견하기 위해서는 망망대해를 표류하는 과정을 거치지 않을 수 없다. 우리는 대부분 삶이라는 바다 위에서 방향을 잃고 표류하는 중이다. 한없이 넓고 주로 평온하지만 잔잔한 바다에서의 표류는 총체적인 매너리즘에 빠질 위험이 크다. 때로는 거칠고 포악한 모습으로 절망을 주기도 한다. 다음 부표를 향해 헤엄치거나 적당한 섬을 찾아 머물 줄도 알아야 한다.

 나는 모든 것을 경험하고 싶은 걸까, 아니면 아무것도 하고 싶지 않은 걸까. 영원한 표류자로 남고 싶은 것일지도 모른다. 파도에 몸을 맡기고 포근한 자연광 아래 평온하게 흘러가는 것이 표류자의 일이다. 나의 표류는 언제까지 지속될 수 있을까.

glimmer

 관계 속의 권태와 결여를 두려워하지 마세요. 우리는 모두 가까스로 연약한 끈 하나를 손에 쥐고 희미하게 연결돼 있을 뿐이에요. 한쪽이 끈을 놓으면 한쪽은 어렴풋이 그것을 느낄 수 있어요.

 필요에 넘치는 만큼의 끈을 쥐고 있지 말아야 해요. 끈을 쥔 손을 보지 말고 반대쪽을 쥐고 있는 그 사람의 눈을 보세요. 끈의 떨림은 손바닥 안에서 영원할 것이고, 끈을 쥐고 있는 한 우리는 고독할 거예요.

현재가 있을 뿐

우연인지 필연인지 모를 일들을 종종 겪는다. 어쩌면 모든 일은 이미 그렇게 될 것을 향해 흘러가고 있는 것인지도 모른다.

시작과 끝이 하나인 것처럼, 시작에 가깝든 끝에 가깝든 오직 흘러가고 있는 지금 이 순간, 현재가 있을 뿐이다. 모두 그렇게 순류 속의 한 줄기가 되어 넓은 강물에 몸을 띄우고 힘을 보탠다. 순류와 순류가 만나 더 큰 순류가 되고, 모든 순류가 합세하면 마침내 거스를 수 없는 거대한 흐름이 된다. 아무도 역류가 될 수 없고, 순류 속에서 절망은 무의미하다. 강물에 몸을 띄우듯 그대로 흐름에 몸을 맡기면 된다.

각자의 신념

나의 세계는 타인의 세계보다 우월할 수 없고 반대의 경우 또한 마찬가지다. 마음 속으로 우월감을 느낄 수 있을지 몰라도 그것은 오로지 개인의 느낌일 뿐이다. 실제로는 그 누구도 우월할 수 없다. 우리에게 필요한 것은 비교가 아니라 만족이다.

검은색과 하얀색을 구별하는 일은 두 가지 색이 서로 나란히 있을 때만 가능하다. 만약 세상에 검은색 또는 하얀색만 존재한다면 우리는 그 색을 구별할 수 없다. 상대적으로 대상을 인식하기 때문에 본능적으로 두 가지 대상을 서로 견주어 파악하게 되는 것이다. 그러나 두 가지 색 중 하나를 좋아하는 것은 옳고그름이 아니라 취향의 문제이고 두 사람을 비교하는 것 또한 옳고그름이나 우열의 문제와는 하등 관련없는 문제다. 타인의 신념과 행위는 누구의 잣대로도 평가할 수 없다.

나는 나대로 만족하면서 살아가면 되고 타인은 타인

의 뜻대로 만족하면서 살아가면 서로 그만인 것이다. 관계와 갈등의 문제에서만 각자의 신념에 맞게 지혜로우면 된다고 생각한다.

밤산책

하루종일 머리가 지끈거렸다. 푹 쉬고 잠을 자도 두통이 가시지를 않아서 밤 10시쯤 공원으로 터덜터덜 산책을 나갔다. 아파트 단지 곁에 으레 하나씩 있는 공원이었다.

어두운 정자 위에는 야간자율학습을 마친 몇 명의 남학생이 쑥덕거리고 있었다. 고등학교 때 친구들과 자주 사 먹었던 닭꼬치가 생각났다. 대수롭지 않은 일에도 순도 높은 웃음을 터뜨릴 수 있었고 감정의 종류가 지금보다 훨씬 적고 명확했던 시절. 이런 걸 두고 그땐 참 좋았지, 라고 말하게 되는 것 같다.

꽤 늦은 시간이었는데도 불구하고 공원 내 배드민턴장에는 몇몇 가족이 시끌벅적하게 화목한 시간을 보내고 있었다. 공원은 전체적으로 어두웠는데 배드민턴장에만 조명이 환했다. 멀찍이 서서 잠시 그 사람들을 바라보았다. 타인의 행복을 관망하는 일은 지극히 비현실적인 느낌이었다. 어두운 관객석에 앉아 환한 조명 아래 과장된 연기를 펼치는 가족극을 관람하고 있는 것 같았다. 가까이 다가가서 볼 마음은 없었기에 이내 돌아섰다.

돌아서고 나니 그건 연극이 아니었다. 나는 어떤 가족의 행복을 명백히 보았던 것이다.

공원은 도시 한가운데 볼록 돋아난 작은 염증처럼 야트막한 구릉의 형태를 띠고 있었다. 내려오는 길에 하늘을 보았는데 두 개의 별이 보였다. 멈춰 서서 왼쪽의 별을 오랫동안 바라보았다. 별은 하늘에 총총한 점으로 박혀 있지만, 한 별에 오랫동안 초점을 맞춰 봐도 내 눈이 그 별을 정확히 응시하고 있다는 느낌이 들지 않는다. 별은 언제나 내 시선의 끝점을 빗나가고, 잠시 후 내 시선은 별 주위의 여백 속으로 흐트러지고 만다. 별빛의 그러데이션을 눈에 담는 것에 만족해야 했다.

별과 나 사이의 거리를 생각할 때, 거리라는 개념으로 그것을 표현하려 하면 왠지 별이라는 존재에게 결례를 범하는 듯한 기분이 든다. 사람과 사람 사이의 거리 또한 이와 비슷할 거라고 생각했다. 별과 나 사이의 거리만큼이나 아득한 것이므로.

목련 봉오리

 내가 사는 아파트 단지 내에는 목련이 많다. 어제 집에 들어오는 길에 보니 나뭇가지마다 꽃봉오리를 잔뜩 내밀고 당장이라도 기지개를 켤 태세를 취하고 있었다. 봉오리가 열리기 직전이었다. 나무 밑에 자리잡고 누워 며칠 내내 봉오리만 올려다보는 상상을 했다. 봉오리 꼭대기에서부터 꽃잎이 하나하나 벌려 제껴지는 모든 과정을 차례로 지켜보는 상상. 인간의 눈에 고속촬영 기능이 없다는 것이 안타까웠다.
 어느 날 문득 바깥에 만개한 꽃을 보게 되는 것도 좋지만 봉오리가 벌어지는 과정의 순간들을 죽기 전에 한 번쯤은 가까이서 지켜 볼 수 있었으면 좋겠다.

꿈 속의 사고

 자정을 막 지난 듯한 어둠이 꿈 속에 깔려 있었다. 아이보리색의 전형적인 작업복 점퍼와 블랙 팬츠를 입은 초로의 남성이 비틀거렸다. 그는 비틀거리며 사거리의 횡단보도 앞에서 멈춰 섰다. 안경을 썼는지 안 썼는지는 분간되지 않았다. 움직임이 굼떴다. 밧줄에 묶인 채 누군가 이쪽저쪽으로 당기고 있는 것처럼 몸이 한 박자씩 뒤늦게 흔들거렸다. 그 횡단보도를 건너야 했다. 아직 빨간불이었는데 공사장에서나 볼 수 있을 법한 육중한 트럭이 신호가 끊기는 것을 놓치지 않겠다는 듯 맹렬히 돌진해 왔다. 남자의 몸이 앞으로 기우뚱하더니, 발목에 묶인 밧줄을 누군가 확 낚아챈 것처럼 오른발이 횡단보도 쪽으로 튀어나왔다. 트럭은 남자의 오른발을 뚫고 지나갔다. 몇 덩어리로 부서진 오른발이 도로 위에 나뒹굴었고 오른발을 잃은 그는 뿌리가 뽑힌 전봇대처럼 그대로 고꾸라졌다. 나도 모르게 덩어리들을 눈으로 좇았다.

가장 큰 덩어리라고 생각했던 것은 트럭의 전조등 덮개였다. 주변에서 상황을 목격한 몇몇이 횡단보도로 몰려왔다. 누군가 구급차를 부르고 있는데 코너를 돌던 오토바이가 방향을 틀어 쓰러진 남자 앞에 섰다. 뒷좌석에 바구니가 있는 배달용 오토바이였다. 배달부는 남자를 뒷좌석 바구니에 실었다. 나는 유모차가 연상되었다. 오토바이는 급히 출발했고 남자가 실린 바구니는 심하게 덜그덕거렸다. 눈에서 멀어지고 있음에도 불구하고 가까이에서 소리가 들렸다. 눈에서 사라지고 난 후에도 그 소리는 멈추지 않았다. 그리고 나는 꿈에서 깨었다.

달리는 일의 즐거움

 내일부터 장마라기에 오늘은 반드시 달리기를 해야겠다고 생각했다. 8시 30분쯤 나가면서 나이키 러닝 앱을 켰더니 여태 뛴 거리가 92.5km 남짓이었다. 평소에는 6km 내외로 가볍게 뛰었는데 오늘은 왠지 100km를 채워야 할 것 같다는 사소한 강박이 나에게 강한 의지를 심어 주었다.
 내가 주로 달리는 공원의 이름은 만석공원이다. 가운데에 큰 호수가 있고 호수 둘레를 따라 산책로가 커다란 원 모양으로 만들어져 있다. 풀밭을 밟으며 공원 산책로에 들어서는데 러닝화 발바닥에 스치는 풀잎소리가 오늘따라 유난스럽게 들렸다. 이를테면 '셥-셥-셥-'이나 '셔부적셔부적'이랄까. 애처로운 소리였다. 밟히는 게 일상인 잡초들의 허망한 신음으로 들렸다.
 공원을 한 바퀴 돌면 1.35km쯤 된다. 처음 1km 정도는 몸을 데우고 4km 정도 지나면 거의 무아지경인 상태로 뛰게 된다. 머릿속은 지극히 단순한 생각들로만 채워진다. 뛰는 동안 호수면에 비치는 것들을 자주 본다. 달이 밝은 밤이 가장 아름답고, 아파트의 불빛들도 맑은 날이면 꽤 장관이다. 때로는 한 폭의 수채화 같다.

오늘은 공원 근처 로열팰리스 아파트 단지 옥상의 노란 불빛이 강렬하게 수면 위를 비추었다. 원래부터 그토록 밝고 화려했었는지 내 기억을 의심해 보게 될 정도로 거추장스럽게 밝았다. 우뚝 선 아파트 단지를 올려다 보니 마치 거대한 왕관을 걸치고 있는 도시의 왕 같았다. 그만큼 주변의 다른 풍경에 비해 로열팰리스 단지는 웅장했다. 호수를 둘러선 나무들이 괜스레 더 초라해 보였다. 어둠 속에서 다 찢어진 나뭇잎 거적때기를 걸치고 저 위에서 군림하고 있는 왕을 감히 올려다 보지도 못하는 백성들처럼.

달리다 보면 달리러 나온 다른 사람들과 나란히 서서 달리게 될 때가 있는데, 그럴 때면 묘한 경쟁심이 나를 자극한다. 그들도 나와 같을까. 누가 내 뒤에서 달리는 소리가 들리고 그 소리가 점점 가까워지면 왠지 추월당하기 싫은 마음이 불쑥 일어선다. 정말 쓰잘데기 없는 경쟁심이다. 이미 지친 상황에도 거리를 벌리고 싶은 욕심에 어느새 속도를 높이게 된다. 내 페이스를 잃고 금

세 지칠 때가 있는가 하면, 적당한 수준의 경쟁상대를 만나 윈윈win-win의 결과를 낳기도 한다.

공원 산책로를 달릴 때 재밌는 것이 또 하나 있다. 사람들은 대부분 걷기 운동을 한다. 달리는 동안 걷는 사람들을 추월해야만 해서 요리조리 사람들 사이를 비집고 달릴 수 있는 루트를 순발력 있게 찾아나가야 한다. 일직선으로 달리는 것보다 요리조리 틈새를 찾는 달리기가 더 재밌다. 별것 아닌 것 같지만 달리기에 도움이 되는 요소 중 하나다. 공원 산책로를 뛰어보면 알 수 있을 것이다.

밥 먹는 일의 권태로움

 혼자 밥을 먹을 때면 가끔 밥 먹는 일에 대한 권태를 느낀다. 반찬을 가리지 않고 잘 먹는데다 식탐도 강한 편이지만, 때로는 먹는 행위 자체로부터 헛헛한 지겨움을 느끼곤 한다.

 반찬통을 꺼내고 밥그릇에 밥을 담는다. 김치를 뒤적거리다 내키는 것을 집어 입에 넣는다. 고기를 한 점 집어 넣는다. 밥그릇의 가장자리부터 적당한 양을 가늠하여 한술 담아 입에 넣는다. 나물 반찬을 조금 집어 넣는다. 오물오물 뒤섞어 씹는다. 물론 배가 고팠으니 밥은 맛있다. 씹는 속도가 빨라진다. 다음 집어 넣을 것을 눈으로 살피고 뒤적거린다.

 이러한 사이클을 반복하는 것이 보통의 한 끼 식사다. 혼자 멍하니 몇 번의 사이클을 반복하다보면 갑자기 허탈하다. 내가 지금 밥 먹는 행위 자체에만 몰입해 있다는 것을 자각하게 되는 순간에 그렇다. 식욕이라는 주인의 명령을 받아 음식을 씹고 배를 채우는 기계가 되어버린 듯한 기분. 다 먹고 나면 언제 존재했냐는 듯 식욕은 사라지고 포만감이라는 보상이 주어진다. 포만이라는 감각은 긍정적이지도 부정적이지도 않은 애매함을 지녔다. 대체로 거추장스럽고 거북하여 자연스럽지 못한 느낌이다.

  여지껏 살면서 나는 몇 끼의 밥을 먹었고 앞으로 먹게 될 밥은 도대체 몇 끼나 될까. 맛있는 음식을 먹는 일이 인생 최고의 즐거움일 수 있다고 생각하지만, 밥 먹는 일의 권태는 그것과는 별개의 문제다.

두 개의 나

 말을 할 때는 내가 말을 하고, 글을 쓸 때는 내 안에 존재하는 목소리가 글을 쓴다. 말을 하는 내 모습과 글을 쓰는 내 모습이 일치하지 않음을 느낀다.

 말을 하고 글을 쓰는 두 가지 내 모습을 동시에 떠올리는 것은, 거울이란 물건을 태어나서 처음 마주하고 가만히 거울에 비친 자신의 눈동자를 응시하고 있는 아이가 되는 일이다. 어떤 봉우리와 건너편의 다른 봉우리에 각각 올라 서 있고 눈을 잔뜩 찡그려야만 서로의 실루엣에 겨우 닿을 수 있는 일인 것처럼 두 가지 내 모습이 동떨어져 있다. 둘 다 나일까?

 말을 하는 것보다는 글을 씀으로써 내가 다가가고자 하는 대상의 좀 더 깊숙한 곳까지 내 목소리가 닿을 수 있음을 생각한다.

밤하늘

 밤하늘은 언제나 압도적으로 무구하다. 내가 발 딛고 선 이 땅이 지구라는 또 하나의 별이라는 것, 그 별에 속한 나라는 존재가 우주 속에 숨쉬며 살아가고 있다는 사실을 새삼 느끼는 것은 가장 순수한 충격이다. 눈에 보이지 않는 무수한 자연 법칙들이 저마다의 방식으로 존재감을 드러내고 있다는 것, 육체를 벗어난 내 의식이 절대적인 존재의 시야로 잠입하는 상상을 펼치는 것은 가장 압도적인 감격이다.
 밤하늘을 바라보는 단순한 행위로부터 우리는 많은 것을 경험할 수 있다.

타인의 쓴소리

 나를 꽤 깊이 아는 몇 안 되는 사람 중 한 명과 대화를 나누었다. 팀 회의에 참여할 때의 서로의 장단점을 화두로 삼아 피드백을 주고받았다. 어떤 프로젝트를 함께 한 지 꽤 오래 지났음에도 불구하고 꽤 공감이 가는 피드백을 주고받을 수 있어 둘 다 놀랐다. 기억은 낡았지만 기억의 수가 많아서 마치 내가 회의하고 있는 모습을 관찰자의 시선으로 바라보고 있는 듯한 느낌을 받았다.

 흥미로웠던 것은 상대방이 본 내 단점에는 깊이 공감이 되는 반면에 장점에는 공감이 덜 되었다는 점이다. 내 단점이 무엇인지 어렴풋이 알고는 있지만 방어기제 때문인지 말로 표현하기는 어려웠는데, 타인이 말해 주니 인정하지 않을 수가 없었다.

 우리는 타인이 보는 나에 대한 평가에서는 내가 보는 나에 대한 평가일 때보다 겸손해진다. 타인의 시선이

개입되면 비교적 엄격해지는 것이다. 그렇기 때문에 나에 대한 타인의 피드백은 쓴소리일지언정 반드시 귀 기울여야 할 목소리다. 단점을 말로 들어 안다고 해서 쉽게 고칠 수 있는 것은 아니지만 적어도 인정하는 것만으로도 많은 것이 달라질 수 있다. 그 점에 대해서 한 번이라도 더 생각하게 되고, 어떤 상황에서든 제법 예민해질 수밖에 없으니까.

이유

"그런 걸 왜 해?"

라고 누군가 물어보면, 너무나도 당연해서 뭐라고 대답해야 할지를 생각해 본 적도 없을 뿐더러 뒤늦게 고민해 봐도 딱히 할 말이 없는, 중력에 이끌리듯 몰두하게 되는 것들을 보다 많이 발견하는 삶을 살아야 겠다.

내일의 나에게 말 걸기

과거에 써놓은 글을 꺼내 읽어보면 그동안 내가 얼마나 변화했는지를 느낄 수 있다. 여행을 마치고 집으로 돌아왔을 때 느껴지는 순간적인 위화감과 비슷하다. 거기에는 다시 돌아갈 수 없는 과거의 낯선 자아가 담겨 있다. 구체적으로 무엇이 변한 것인지는 파악할 수 없지만 무언가 달라졌다는 사실만큼은 확연하게 느낄 수 있다.

현재의 나는 과거의 나에게 타자다. 과거에 내가 쓴 글을 읽으면 내가 아닌 누군가와 하나의 주제를 놓고 의견을 주고받는 듯한 기분이 든다. 공감과 반감이 교차한다. 글을 쓰는 것은 나와의 대화를 시도하는 행위다. 내가 쓴 글은 시간이 흐른 뒤 타자가 되어 나에게 말을 건다. 오늘의 생각을 글로 기록하는 것은 내일의 나에게 말을 걸기 위한 것이다. 그 글을 다시 읽어봄으로써 우리는 그 대화에 응할 수 있다.

부고

 전화를 받았을 때 엄마의 목소리는 떨리고 있었다. 집에서 막 나가려던 참이었다.
 "지금 나가면 안 돼. 집에 있어."
 친할머니가 돌아가셨다며, 단어를 목에서 간신히 꺼내는 것처럼 엄마가 말했다. 나는 얼떨결에 한 번 되물었다. '친할머니가 돌아가셨다.'라는 단순한 문장을 이해하는 데 시간이 걸렸다.
 옷을 갈아입고 거실에 앉아 엄마를 기다렸다. 눈이 많이 내려서 기차를 타야 했다. 아무것도 먹지 않아 배가 고팠다. 수원역 편의점에서 김밥과 사이다와 엄마가 마실 따뜻한 찻물을 샀다. 치즈김밥을 골랐다. 찻물은 신제품 행사 중이었고 사은품으로 빼빼로를 하나 받았다. 나는 왜 치즈김밥을 골랐을까, 빼빼로는 도대체 무슨 소용이었을까. 멍하니 치즈김밥을 우겨 넣으며 배를 채웠다. 치즈를 뱉고 싶었다. 엄마는 멀미로 괴로워 했다. 홍성역에 도착해 내렸는데 거센 눈발 때문에 고개를 들 수 없었다.

할머니는 겨우내 큰아버지댁과 고모댁에 번갈아 계시다가 봄이 오자 시골로 내려 가셨다. 며칠 전부터 몸이 편찮으셔서 아버지가 시골에 몇 번 내려가 고깃국을 끓여 드렸다고 했다. 오랜 세월 담배를 피워오신 탓에 건강이 그리 좋지 않으셨다. 오늘 아침에는 아버지에게 고깃국 잘 먹었다며 전화가 왔다고 했다. 아마 할머니는 이미 당신의 상태를 직감하고 계셨고 아버지가 멀리 있다는 걸 알고 있으니 그렇게만 말씀하셨던 것 같다. 그 다음 막내고모에게 전화를 걸어, "나 죽을 것 같다."라고 마지막 말씀을 건네셨다. 막내고모는 전화를 끊자마자 황급히 차를 몰았고 할머니에게 몇 번이고 전화를 걸었는데 불통이었다. 이웃 아저씨에게 전화를 했고 그분이 할머니댁 문을 부수고 도착했을 때 할머니는 이미 눈을 감으신 뒤였다고 했다. 썰렁한 방 안에 혼자 누워 계셨고, 할머니의 옆에는 닫히지 않은 폴더폰이 팔 옆에 떨어져 있었다.

부모님은 할머니가 몸이 편찮으신 때에 혼자 집에 계신 채 돌아가신 것이 가장 죄송스럽다고 했다. 자식들 집에서 몸을 돌보기라도 하셨으면 그나마 좀 나았을지도 모를 텐데. 조금이라도 더 따뜻하셨을 텐데.

장례식장에 도착할 때까지도 하늘은 거센 눈발을 퍼붓고 있었다. 내가 가장 먼저 도착한 상주였다. 명절 때나 되어야 얼굴을 뵀던 할머니 얼굴이 떠올랐다. 살갑지 못했던 내 행동들이 떠올랐다. 나나 동생이나 사촌들이나 대체로 마찬가지였을 것이다.

일년에 두 번 뵐까 말까 했는데도 할머니에 대한 기억은 꽤 생생했다. 고쟁이 바지, 한쪽 무릎을 세우고 앉아 반겨주시는 목소리, 담배를 태우려고 허리를 일으켜 현관문을 나서는 뒷모습, 용돈을 쥐어 주실 때 내 손을 양손으로 매만지던 차고 굵은 주름, 그리고 한달 전쯤 할머니가 혼자 계시니 시골에 한 번 다녀오라던 엄마의 말. 영정 사진을 보니 몇 가지 기억이 차례로 떠올랐다.

최근에는 아버지와 고모들에게 전화를 걸어 무섭다는 말을 자주 하셨다고 했다. 썰렁한 방에 누운 채 할머니는 어떤 두려움을 마주하고 계셨던 걸까. 눈을 감았다. 영정 앞에서 고개가 무거웠다. 슬픔보다 단 한 번도 살갑지 못했던 것에 대한 자책이 앞섰다. 어깨 한 번 제대로 주물러드린 적이 없었다.

고모부들과 밥을 먹었다. 먹은 게 부실해 배가 고팠다. 고기 반찬을 하나 더 꺼내 먹었다. 밥 한 그릇을 금

세 비웠다. 둘러보니 다들 맛있게 밥을 먹고 있었다. 남은 사람들은 이렇게 잘 먹고 있구나. 떠나는 당신은 무얼 드시고 계실까.

서먹했던 사촌동생들과 대화를 나눴다. 은연 중에 **동정同情**을 감지한 듯 서로를 의지하고 있는 것이 느껴졌다. 10명도 넘는 손주들이 쉬지 않고 장례식장 일을 거들었다. 이제 막 중학교에 올라간 동생 하나는 해맑은 얼굴로 내 손을 잡고 다녔다. 장난을 좋아하길래 잘 받아주었다. 3일째 되던 날, 화장을 마치고 납골당에 할머니를 모실 때 그 동생이 울었다. 나는 옆에 가서 손을 꼭 잡고 어루만졌다. 나도 눈물을 흘렸다. 내가 눈물을 흘린 것은 아버지와 고모들의 마음에 내 마음이 이입되었기 때문이었고, 내가 느낀 슬픔은 주로 그런 형태의 것이었다. 같은 납골당에 모신 할아버지의 유골함 앞에서는 더 많은 눈물을 흘렸다.

시골집을 정리하기 위해 어른들은 할머니댁으로 가야 했고 장손인 큰형과 내가 따라 나섰다. 시골집에서 보내게 되는 마지막 밤이었다. 어른이 되면 시골집은 장난감으로 만든 집처럼 볼품없게 느껴진다. 시골집 곳곳에 내 어린 시절의 실루엣이 남아 있었다.

남겨진 할머니의 물건들 중 가장 기억에 남는 것은

받아쓰기 공책이다. 할머니는 마을회관에서 한글 수업을 듣고 계셨다. 거의 매번 100점을 받았고 그럴 때마다 전화로 자랑을 하셨다고 했다. 늙어갈수록 부모와 자식의 관계는 뒤바뀌기 마련이다. 공책에 또박 또박 적힌 글자들과 눌러 찍은 마침표들이 고스란히 할머니의 느낌을 드러내고 있었다. 눈물이 날 뻔했는데 참았다.

형제들은 먼지 가득한 앨범 속에서 80년대에 찍힌 서로의 옛 사진을 나눠 가졌다. 아빠의 사진은 내가 따로 챙겨 두었다. 집 안 구석구석을 사진으로 찍어 두었다.

어렸을 때 나는 시골집의 어둠을 두려워 했다. 시골의 밤은 항상 검은색 크레파스처럼 시커맸다. 저녁을 먹고 나면 어김없이 어둠이 깔렸고, 불을 끄고 누우면 마치 눈이 멀어버리는 것 같았다. 어둠 속으로 영원히 단절될 것만 같은 느낌이었다.

밤 10시도 안 돼서 가족들은 모두 잠이 들었고, 새벽 1시쯤 나는 잠에서 깨어 통화를 하려고 밖으로 나왔다. 눈이 펑펑 내린 시골의 적막한 겨울밤에 매료되어 한참을 우두커니 서 있었다. 문득 고개를 들었는데 무수한 별들이 코앞에서 각자의 자리를 빛내고 있었다. 그렇게 많은 별을 한꺼번에 맞닥뜨린 것은 처음이었다.

"별들이 쏟아질 것 같아."

통화를 하면서도 나는 별자리를 이루는 별과 별 사이의 희미한 직선들에서 눈을 떼지 못했다. 돌아가신 할머니를 떠올리면, 그 짙은 밤하늘 속에서 짤막한 기억들이 연달아 떠오른다. 홍성역의 거센 눈발, 담배를 태우러 나가는 할머니의 뒷모습, 사촌동생의 손, 낡은 초등학생용 받아쓰기 공책...

part 4

상실

우리가 시간의 흐름 속에서 마지막까지 지켜낼 수 있는 것은 무엇일까. 끊임없이 무언가로부터 벗어나야 하는 삶 속에서 어떻게 해야만 상실의 손아귀를 비껴갈 수 있을까. 우리는 지금, 어디쯤에 있을까.

가시

 인간은 누구나 선인장처럼 가시를 가지고 있다. 우리의 가시는 서로의 눈에 보이지 않는다. 선인장의 가시처럼 적당한 거리를 유지하거나 남의 영역을 지나치게 침범하지만 않으면 서로 찔릴 위험이 없다. 누군가를 위협하거나 해치기 위한 용도가 아닌 것이다.
 인간의 가시는 본래 그 사람이 지니고 있는 어떤 사고방식을 상징한다. 친밀한 관계일수록 물리적인 거리가 가까워지고 자연스레 서로의 사고방식을 부대끼며 지내게 된다. 그러다 보면 가시에 찔리기도 한다. 타인을 찌르기 위해서 가시를 내밀고 있는 게 아니지만 가까우니까 어쩔 수 없이 찔리는 것이다. 삶이라는 거대한 틀 안에서 보면 지극히 사소하기 그지없는, 그저 각자가 지니고 있는 사고방식의 미묘한 차이일 뿐인데도 말이다. 그러나 관계 속에서 진짜 문제는 중대한 부분이 아니라 사소한 부분으로부터 주로 발생하기 마련이다. 두 사람의 취향이 다른 것은 딱히 문제가 되지 않는다.

적당한 거리를 유지하면 모두가 찔리지 않고 평온할 수도 있다. 우리는 가까우면 가까울수록 반드시 서로를 찌르고 찔리는 존재이니까. 그럼에도 불구하고 가까이 붙어 지내고 싶다면, 가시를 부러뜨리는 수밖에 없다. 주의할 점은 내가 네 가시를 부러뜨리거나 네가 내 가시를 부러뜨린다면 서로를 다치게 할 수도 있다는 것. 내가 내 가시를 부러뜨리거나 네가 네 가시를 부러뜨리거나, 둘 중 하나여야만 한다.

our signal

 사람과 사람 사이의 거리라는 것은 물리적으로나 관념적으로나 나로서는 도무지 이해할 수가 없는 개념이다. 너와 나의 거리, 라고 말할 때 너는 어디에 있는 것이고 나는 어디에 있는 것인가.

 누군가와 마주 앉아 대화를 나누고 있을 때 우리는 어떤 거리감을 느낀다. 편의상 가깝다, 친밀하다, 깊다, 또는 그 반댓말로 그와의 거리감을 표현하고 인식한다. 그것은 말 그대로 편의상의 표현일 뿐이다.

 두 사람의 몸은 거기에 있지만 의식은 서로 아득한 거리만큼 떨어져 있다. 목소리를 들을 수는 있지만 그것은 그저 단순히 신호를 교환하는 것에 불과하다. 마치 잠수함 두 대가 암호화된 임의의 신호로 서로 교신하는 것과 같다. 상대방으로부터 어떤 신호를 받았을 때 지금 내가 이해하고 있는 것이 그 사람이 말하고자 하는 바로 그것인지 파악하기 어려울 때가 많다. 필연적으로 오해가 발생할 수밖에 없는 교신인 것이다.

상대방이 무언가를 말하려 할 때, 그가 활용할 수 있는 언어를 총동원하여 자신의 생각을 공감시키고자 하는 강렬한 의지가 느껴지면, 나는 그것을 해석하기 위해 온 감각을 집중한다. 어딘가에 존재하고 있을 그 사람의 의식이 보내오는 모든 신호에 몰입하여 신경을 곤두세운다. 대부분의 신호는 형체를 잃고 흩뿌려진 채로 전해진다. 그 사람의 메세지를 정확하게 포착하기 위해서는 내가 가진 그물을 최대한 촘촘하게 만들어 신호를 회수하고 조립하려는 노력이 필요하다.

그러나 완벽하게 조립되지 않는 경우가 대다수였고, 수신자가 아닌 송신자의 입장일 때면 종종 그런 일에 대한 절망을 경험하곤 한다. 내 의식으로부터 발현되는 어떠한 생각도 타인의 의식 속으로 정확하게 전달될 수 없다는 사실을 깨닫기 때문이다.

지구력

출처를 알 수 없는 불안감 속에서도 내가 하고 싶은 무언가를 매일 조금씩 어떻게든 해 나가고 있다는 사실 하나만으로도 내게는 위안이 된다.

타인을 기만할지언정 나 자신을 기만하고 싶지는 않다. 먼 미래를 구상하고 지금 내가 하고 싶은 일을 그 뒤로 미뤄두는 삶이 아니라, 근시안적이라고 할지라도 당장의 목표 지점을 향해 서서히 나아가는 삶을 살고 싶다. 그것이 힘겨울 때도 있지만, 삶이란 누구에게나 각자의 방식으로 버티어 나가는 것이겠거니 싶다. 자신이 선택한 길 위에서 묵묵히 버티는 것이 우리가 할 수 있는 최선이다.

의심

지금 내가 바라보고 있는, 나의 시야 속에 형태를 드러내고 있는 것들이 실제로 거기에 존재하는 것인지에 대한 의심에 문득 휩싸일 때가 있다.

일순간 주변의 모든 것이 무의미해진다. 흑백의 무성영화처럼 변하는 것이 아니라 그저 각각의 자리에 놓여 있는 모든 존재들에게로 공급되던 전력이 한꺼번에 차단된 듯한 느낌이다. 사물의 존재감이 만약 촛불 같은 것이라면, 모든 불이 일시에 훅 하고 꺼져버린 듯한 괴이한 감각이다.

내가 들이쉬고 내쉬는 숨조차 낯설어지고 귀로 들어오는 모든 소리가 생기를 잃는다. 그러던 중 길바닥에 널부러진 은행잎 모양 따위가 주는 어떤 경이로움을 발견하거나 한낱 잎사귀마다의 생애를 멍하니 떠올리게 되는 순간에, 비로소 세계의 전력이 복구된다. 이 감각은 내게서 단칼에 분리되었다가 다시 내게로 서서히 예

속되면서 제자리를 찾는다.

흔들리는 나뭇가지

 오늘은 마음이 갑갑하다. 지금 달리고 있는 이 버스가 멈추지 않았으면 좋겠다. 상처받은 감정을 아무렇게나 이리저리 굴리다가 대충 쳐박아 둔 느낌이다.

 커다란 암석이 보란듯이 한가운데 놓여 있어 상처받은 내 감정이 설 자리를 잃었다. 마음 같아서는 다이나마이트를 밑에 심어서 폭발시켜버리고 싶다. 곪아서 터지기 전에 모조리 깨끗하게 청소한 뒤 리셋하고 싶다. 나를 추격하는, 정체를 알 수 없는 무언가로부터 자꾸만 도피하고 싶다. 내가 뭘 그렇게 잘못한 걸까. 잘했든 못했든 지금은 그저 외면하고 싶다. 내 안에 나를 꾸깃꾸깃 숨기는 것 외에는 내가 할 수 있는 것이 아무것도 없다.

별 볼 일 없는 하루

아르바이트를 하다 저녁 시간이 되어 편의점에서 컵라면을 먹었다. 밥은 자고로 앉아서 먹어야 한다고 했던 것 같은데, 꼿꼿이 서서 먹었다. 천 원이었다. 뜨거운 물을 붓고 열기가 새어 나가지 않게 손으로 입구를 막았다. 덜 익은 면발을 대충 입속에 집어 넣었다. 먹어 치워진 라면처럼 홀연히 먹은 자리를 떴다.

오늘은 특별히 별 볼 일없는 하루였다. 특별히 별을 볼 일도 없어져 가는 하루였다. 매일 밤 별들만 나를 본다. 그들이 사는 수억 광년의 시간에 비하면 스치듯 반짝이는 건 오히려 나이겠지. 도시의 밤하늘을 보니 할머니 댁에서 마지막으로 묵었던 날 밤에 통화를 하려고 바깥에 나와 하늘을 보며 서 있던 기억이 떠오른다. 그 날 밤의 청량한 고요와 가슴께 높이에 깔려 있었던 키 작은 적막은 밤하늘을 가득 메운 별들이 나를 내려다보는 가운데 오직 나만이 시골의 어둠을 밝히며 반짝이고 있었기 때문이었을까. 건넛마을에 들릴까 소곤거리던 내 목소리와 전화기 너머 들리던 목소리를 별들이 다 듣고 있는 것 같았던 그 밤. 오직 내 존재감만이 세계를 떠도는 유일한 광선인 것 같았던 그 밤. 그 순간의 특별함은 아직까지 선명하게 남아 있는데, 오늘은 지극히 별 볼 일 없는 하루였다.

스포일러

 결말에 대한 스포일러를 당하면 결말을 알게 되는 순간의 쾌감을 박탈당한 것에 실망하게 된다. 그렇다고 해서 그 작품을 외면하고 결말에 도달하기 위한 과정 속에 도사리고 있는 감정들을 포기하는 것은, 삶의 결말이 죽음임을 알고 있으면서도 삶 속에서 개인이 경험할 수 있는 무한한 의미와 감정들을 포기하는 것과 같다.
 결말만을 아는 것이 텅 빈 쾌감이라면 과정을 충실히 겪는 것은 밀도 높은 성장이다.

가까운 것과 두터운 것

 가깝지만 두텁지 못한 관계라는 게 있다.
 사랑하는 것과 이해하는 것이 별개인 것처럼 가까운 것과 두터운 것은 별개다. 가까울수록 도리어 무신경해지기 마련이다. 무신경하다는 것은 곧 공감의 필요성을 잃는 것이다. 시간의 흐름과 함께 무신경한 상태가 고착되면 사이에 벽이 생긴다. 벽은 먼 관계보다 가까운 관계에서 더 큰 단절감을 가져온다. 외부적인 충격으로 벽을 허물 수는 있겠지만 단순히 벽을 허무는 것으로 모든 문제가 해결되지는 않는다. 내면으로부터 시작되는 내부적인 충격을 계기 삼아, 그 고통을 정면으로 감내하는 과정을 통해서만 점차적으로 관계를 회복할 수 있다.
 우리가 더욱 더 사랑하려고 노력해야 하는 사람은 바로 가장 가깝지만 두텁지 못한, 가족들이다. 매번 이렇게 마음이 행동을 따라가지 못한다.

관계의 실체

 우리가 흔히 착각하고 사는 것들 중에 하나는, 두 사람 사이의 **관계**라는 것이 나나 그 사람이 마음 먹고 노력하면 언제든지 조절할 수 있을 거라는 생각이다. 마치 관계라는 것이 개별적인 식물처럼 자라고 있어서, 시들거리면 물을 주고 볕이 잘 드는 곳에 놓아 주는 식으로 보살피거나 회복시킬 수 있을 거라는 생각.

 둘 사이에 형성되는 관계에는 실체가 없다. "그 사람과 나는 이러이러할 만큼 깊은 사이야." 또는 "그 사람과 나는 가끔 식사를 함께 하고 근황을 공유하지만 깊은 대화는 나누지 않는 딱 그 정도의 사이야."와 같은 생각은 그냥 그렇게 여기고 싶은 마음을 투영한 것일 뿐이다. 관계란 나라는 사람과 그라는 사람이 가진 성향 때문에 발생하는 현상들의 총체를 의미한다. 서로 다른 두 개의 인격이 만났을 때 나타나는 자연적인 것들을 그 사람의 이름이 붙은 폴더로 분류할 뿐인 것이다.

소화

　마음 속으로 몇 개의 감정을 호명했다 늘어선 감정들이 무릎을 파르르 떨었다 밧줄로 그들의 허리춤을 잇달아 묶었다 맨앞의 감정에게 이름이 적히지 않은 명찰을 달아 주었다 그가 울기 시작했다 뒤따르는 감정들은 도미노처럼 따라 울었다 울음이 역병처럼 번졌다 아무도 뒤를 돌아보지 않았고 각자의 울음에만 몰입했다 누군가 호루라기를 세 번 불었다 울음은 단번에 사그라졌다 늘어선 감정들이 어깨를 파르르 떨었다 말없이 밧줄을 당겼다 몇 시간 후면 그들은 일시에 해산될 것이다

양면성

 왜 모든 것에는 양면이 존재할까. 왜 우리는 똑같은 하나 때문에 기뻐하기도 하고 괴로워하기도 하는 걸까. 양면인 것들은 왜, 정확히 같은 비율로는 양분되지 않는 걸까. 왜 항상 하나가 다른 하나보다 더 커야만 할까.

소설의 기능

 소설을 읽다보면 가끔 나 자신이 이 세계와 저 세계 사이 어디에도 속하지 않는 사람이 되어버린 듯한 초월감을 느낄 때가 있다. 어떤 구절 속에서 안개처럼 떠오르는 철학적인 상념들로 시작하여 차원이 뒤틀리기라도 한 것처럼, 나라는 존재가 현실 세계로부터 잠시 격리되어버린다.

 소설 속에서 소설 바깥에 존재하는 나를 골똘히 바라보고 있는 타자의 시선을 느끼기도 한다. 그러면 나는 평소에 가지고 있던 수많은 복잡한 감정들로부터 잠시나마 자유로워질 수 있다. 결속에서 벗어나는 느낌이라기보다는 굳이 무언가에 얽매이지 않게 되는 듯한 느낌이다. 나를 괴롭히던 여러 가지 감정들을 있는 그대로 받아들일 수 있게 되면서, 조금 다른 시선으로 세계를 바라보게 된다. 모든 감각이 제자리를 찾아 돌아온 후에도 나를 미묘하게 환기시킨 그것은 그대로 유지된다. 어쩌면 그것이 내가 소설을 즐겨 읽는 이유 중 하나가 아닐까 생각한다.

언젠가 우리는

그 시절의 빛은 죽었고
추억의 손잡이는 낡아서
삐걱거린다

사막의 별들이 바스락거리는 소리를 들었다
나는 사슴처럼 도망치고 말았다
모든 사물의 목격으로부터

언젠가
우리는 홀연히

굴절되어 오는 것들

 빈틈없는 하루를 마치고 귀가했다. 머릿 속의 맥박이 터질 것처럼 뛰었고 몸은 축 늘어졌다. 옷을 갈아입고 욕실로 향했다. 칫솔을 물었다. 지친 몸이 머리의 무게를 견디지 못해 세면대를 팔로 짚었다. 시선은 세면대 배수구로 거꾸러졌다. 세면대 위로 내 머리통의 그림자가 두 갈래로 겹쳐져 드리웠다. 욕실등의 전구가 2개였다. 멍하니 칫솔질을 했다. 물을 틀었는데 불현듯 왈칵거렸고 고개를 들지 못했다. 입 속을 헹구며 욱신거리는 발바닥 때문에 인상을 썼다. 갑작스러운 나에게로의 몰두, 그리고 뒤늦은 깨달음. 한 번 더 입속을 헹궜다.

 삶은 우리가 놓치고 지나쳐 간 무언가를 불시에 집어다 주곤 한다. 그것은 시간의 간극을 통과하며 몇 번이고 굴절되어 결국은 우리에게 도달하고야 만다. 굴절되는 모든 것은 아프다. 세면을 마치고 수건으로 얼굴을 대충 닦았다. 로션은 바르고 싶지 않았다.

entwurf

자신이 하고 싶은 일을 묵묵히 해 나간다는 것은, 자기실현이라는 뿌듯함의 이면으로 엄습하는 깊고 질긴 불안감에 기어코 맞서는 일이다. 그러나 때로는 한 치 앞도 볼 수 없다는 사실이 곧 가장 생생한 희열이 되기 때문에 우리는 자신이 좋아하는 일에 순수하게 몰두할 수 있다.

우리가 어디로부터 세상에 던져진 것인지는 알 수 없지만 어디로 가야 할지를 전적으로 선택할 수 있다는 것은 미약한 존재인 우리에게 참으로 다행스러운 사실이다. 바로 다음 순간으로, 가까운 미래로, 먼 미래로, 끈질기게 나 자신을 기투하는 삶. 부디 망설이지 말자.

outro

내가 태어나고 4개월 후 죽은 시인의 일기로부터 막연한 위로를 받았다. 그는 서른에 죽었다. 만약 지금 살아 있다면 오십대 중후반 정도일 것이다.

어떤 삶을 살든 우리는 죽는다. 내 삶이 지금 엉망이든 정점이든 삶은 언제 닥칠지 모르는 동등한 결론을 향해 수렴해 갈 것이다. 그가 죽지 않았다면 어떤 삶을 살았을지는 누구도 알 수 없지만 죽었으므로 그에게는 엉망인 삶조차 주어질 수 없었다.

앞으로 어떤 선택을 하든 내게는 여전히 무한하다고 할 수 있을 만큼의 기회가 주어질 거라는 생각이 작은 위안이 되었다. 그가 살지 못한 시간을 나는 지금 살고 있다. 죽음은 삶 속에 매 순간 도사리며 공존하고 있기 때문에 오늘 당장 죽는다고 해도 이상할 게 하나 없지만, 나는 살아 있고 자유 의지가 있고 실존적 권리가 있다. 그의 말마따나 가장 중요한 것은 언제나 의지인 것이다.

죽고 나면 아무 것도 없고, 죽지 않은 이들의 기억은 믿을 수 없다. 일기에 담긴 시인의 문장들은 출처가 그인 흔적일 뿐 그 자체는 아니다. 다만 그 문장들은 영원히 그를 가리킬 것이다. 책은 또 하나의 무덤이다. 나는 내 책을 씀으로써 내가 죽은 후에도 나를 가리키고 있을 몇 개의 무덤을 만들어 둘 것이다.

무엇인지 무엇이었는지 무엇일 수 있는지
what am I what was I what can I be

초판 1쇄 발행 | 2016년 3월 2일
개정 8쇄 발행 | 2025년 8월 20일

지은이 | 최유수
이메일 | yschwn@gmail.com

ISBN 979-11-957046-1-3
published by doorspress
printed in Seoul, Korea
email | doorspress@gmail.com

*이 책의 저작권은 저자와 도어스프레스에게
있습니다. 저작권법에 의하여 한국 내에서 보호를
받는 저작물이므로 저작권자의 서면 동의 없이는
어떠한 형태나 수단으로도 이 책의 내용을
이용할 수 없습니다.